はじめに

これから世界に出ていくみなさんに。
いつかきっとみなさんはどこかでイスラーム君と会うでしょう。
そのときイスラーム君とどうしたら友だちになれるかな。

　小学校に入ったころ、友だちがたくさんできたらいいな、と考えていたみなさん。でもクラスにはいろんな友だちがいますね。気の合う友だちもいれば、中には少し苦手な友だちもいませんか。でも仲の良い友だちだからといって、いつも自分と同じ考えでいるわけではないですね。また、ちょっと気の合わないと思う友だちでも、すごいなと感心する別の面を見つけることもあります。それは、みなさんがこれから世界に出ていって、いろんな国の人、見知らぬ文化や宗教と出会うときとよく似ているように思います。

　さて、イスラーム君についていうと、どうも最近は悪口や噂を立てる友だちが世界に多いようです。そうした一方的な見方を受け入れて、イスラーム君を「怖い」とか「頭が固い」とか「変な習慣がある」とか勝手に決めつける人が大人の中に多いのもたしかです。でも君たちには、まっすぐな自分の眼で見て、自分の頭で考えて、イスラーム君と本当の意味で仲の良い友だちになってほしいと考えます。

　これがこの「イスラームってなに？」というシリーズで私たちが訴えたいことです。

　イスラームという宗教を信じる人、イスラーム教徒をムスリムと言いますが、今やその人口は16億人を超え、世界人口の約20〜25％を占めています。その数はますます増えつつあり、世界のいたるところに広がって住んでいます。ですからムスリムの人たちと、今や日本の中で出会うのもごく普通のこととなっています。観光客や留学生、外国から働きに来る人たちだけでなく、日本人の中でもムスリムは増えています。ヴェール（スカーフ）をかぶったり、ひげを生やしたりしていなくても、ムスリムの人たちは同じ電車やバスに乗ってすぐ隣に座っているかもしれません。

　このシリーズでは、イスラーム君と友だちになるために学んでほしいことをテーマごとにまとめてお話ししていきます。いつの日かイスラーム君と出会うとき、この本で読んだことを思い出しながら、柔らかな笑顔で握手をしてほしいと願っています。

　これまで「イスラーム君」という呼び方で、イスラームをみなさんが世界で出会う友だちにたとえて話してきました。しかし、イスラームという名前のムスリムの男の子もいます。私の息子がカイロ日本人学校の小学部の１年生だったとき、イスラーム君という同級生がいました。イスラーム君は、今は大人になって、エジプトで元気に暮らしていることでしょう。

監修者　長沢栄治

もくじ

はじめに ……………………………………………………… 2

Part1 イスラームとムハンマド

イスラームとは？ …………………………………………… 4

世界のムスリム人口は？ …………………………………… 6

ムハンマドってだれ？ ……………………………………… 8

ムハンマドってどんな人だったの？ …………………… 10

Part2 コーランを知ろう

コーランってなに？ ……………………………………… 12

コーランの4つの主題：1つめ
神のこと ……………………………………………………… 14

コーランの4つの主題：2つめ
現世のできごと …………………………………………… 16

コーランの4つの主題：3つめ
来世のできごと …………………………………………… 18

Part3 イスラームの決まり

コーランの4つの主題：4つめ
人間に対する命令1〜礼拝 ……………………………… 20

人間に対する命令2〜断食 ……………………………… 22

人間に対する命令3〜装い ……………………………… 24

人間に対する命令4〜男女に関して …………………… 26

おわりに …………………………………………………… 28

さくいん …………………………………………………… 30

Part1 イスラームとムハンマド

イスラームはどんな宗教？ だれがはじめたの？
イスラームの基本を知ろう。

イスラームとは？

イスラームという言葉を聞いたことがありますか？

　イスラムやイスラム教という言葉ならテレビや新聞で見かけたことがある、それってなんだろうと思ったことがある、という人もいるかもしれませんね。イスラームも、イスラムも、イスラム教もみな同じ意味で、どれを使ってもかまわないのですが、この本ではもともとの発音に一番近い「イスラーム」を使っていきます。
　イスラームと呼ばれるものが人びとのあいだに広がりはじめたのは、610年ごろのアラビア半島でのこと。ムハンマドという人が、神からの啓示（お告げ）を受けたと知られた後でした。当初、「神からの啓示」という話を信じたのはほんの数人だけでした。それが1400年ほどのあいだに、十数億もの人が信じるようになったのです。
　では「イスラーム」とはいったいなんなのでしょうか。これからその基本的な事柄を見ていきたいと思います。

「イスラーム」ってなにを意味する言葉？

① 神様を拝むこと

② 神様に自分の身をゆだねること

③ 神様のことを考えること

答えは②

　イスラームとはアラビア語の言葉で、もともとの意味は、大切なものを他人にゆだねることです。ラクダやヒツジの遊牧でおもに生計を立てていたアラビア半島の人びとは、ラクダ飼いやヒツジ飼いに自分たちが所有する大切な家畜を預けて放牧してもらっていました。この行為が「イスラーム」でした。

　610年ごろにこの地で、ムハンマドが神の預言者として知られるようになると、神に自分の身をゆだねることを意味するためにイスラームという言葉が使われるようになりました。だから答えは②。

神に身をゆだねる人＝ムスリム

　ムスリムとは、イスラームをおこなう人、つまり「神に身をゆだねる人」のことです。しかし、神に自分の身をゆだねるとは、一体どういうことなのでしょうか。ムスリムの中には、どんな人びとがいて、日々、なにを考え、なにをして暮らしているのでしょうか。

もっとくわしく　アラビア語とイスラーム

　アラビア語は、アラビア半島やその周辺の国ぐにで使われてきた言語です。アラビア語の単語は、多くの場合、3つの子音（三語根）から成り立っています。そしてその組み合わせによって、意味のつながりのあるいろいろな言葉ができていくのです。たとえば、イスラームという言葉（islām）の基本になる子音はsとlとm。この3つの前に「〜の人」という意味をつくるmの文字をつけると、ムスリム（mu**s**l**i**m）という言葉になります。

　sとlとmの三語根を使った単語には、他に、「平和」や「安らぎ」を意味するサラーム（**s**a**l**ā**m**）があります。この言葉は、現在、世界のムスリムのあいだで頻繁に聞かれる挨拶「アッサラーム・アライクム（a-ssalām alaykum、平安があなた方の上にありますように）」にも含まれています。

※右から左へ書きます。
※islāmの前に定冠詞（英語のtheに相当するもの）のalをつけます。

イスラームとムハンマド

Part1 イスラームとムハンマド

世界のムスリム人口は？

現在の世界人口は約73億人。そのうちムスリム人口はどのくらい？

① 約3億人　② 約16億人　③ 約32億人

答えは②

　現在、世界人口に占めるムスリムの割合は、20%とも25%とも言われています。国単位で見たときに、ムスリムの占める割合が高いのは、西アジアや中東、北アフリカですが、人口が多いのは、インドネシアを中心とした東南アジア地域とインド・パキスタンのある南アジア地域です。インドネシアには2億人、インドとパキスタンには、それぞれ1億7000万人ほどのムスリムがいると言われています。

ムスリムの定義はいろいろ

　気をつけなければならないのは、どういった人を「ムスリム」と呼ぶのかです。ムスリムの基準は人によってさまざまです。たとえば、次のような人がムスリムと呼ばれています。

- 「信仰告白」をしたことがある人
- 父親がムスリムの人
- 「神に身をゆだねよう」と努力する人

　「信仰告白」とは、イスラームの基本的な考え方である「アッラーの他に神はいない、ムハンマドはアッラーの使徒なり」について「私はそれを証言する」と唱えることです。これはムスリムが必ずおこなわなければならない義務行為の一つとされています。そこで、これをおこなえば、その人はムスリムであると考える人がいるのです。また、生まれによって決まるとされる場合もありま

す。東南アジアや中東の国ぐにでは、身分証明書やパスポートに、性別や生年月日とともに、宗教を記入する欄があります。そうしたとき、多くは、父親の宗教が子どもの宗教になります。

一方で、信仰告白や生まれた環境だけではムスリムにはなれないと主張する人もいます。その場合、ムスリムとは、意識や行動によって積極的に「神に身をゆだねる人」ということになります。

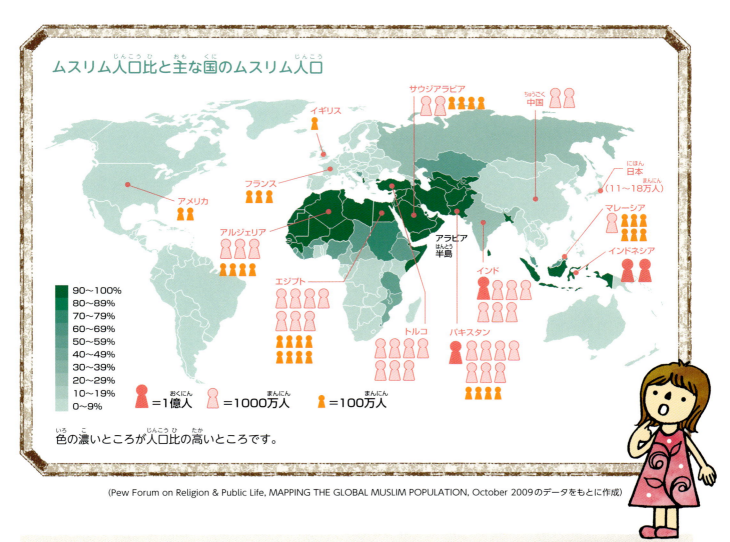

ムスリム人口比と主な国のムスリム人口

色の濃いところが人口比の高いところです。

(Pew Forum on Religion & Public Life, MAPPING THE GLOBAL MUSLIM POPULATION, October 2009のデータをもとに作成)

もっとくわしく アッラー

「アッラー」はアラビア語で他に類するもののない、「唯一の神」(英語のThe Godに相当)を意味します。神を意味する「イラーフ」ilāhの前に定冠詞「アル」alがついてできた単語とも言われています。

イスラームとムハンマド ⑦

Part1 イスラームとムハンマド

ムハンマドってだれ？

ここまでムハンマドという名前が何度か出てきました。この「ムハンマド」ってだれのこと？

① 神
② イスラームの創始者
③ 最後の預言者

答えは③

　ムスリムにとって神は唯一で、世界を創造し統治する、他にはない重要な存在です。名前を持つ一人の人間ではありません。だから①は×。では、ムハンマドとはイスラームの創始者でしょうか？　それとも最後の預言者でしょうか？
　預言者とは神の言葉を預かった人のことです。神の言葉は、ふつうの人間には聞くことができず、神が選んだ一部の人にだけ聞こえると考えられています。そうした人びとが預言者（アラビア語では「ナビー」と呼ばれています。
　イスラームで最初の預言者として知られるのは、神が一番はじめに創った人間アーダム（アダム）です。その後、旧約聖書に登場するヌーフ（ノア）や一神教を広めたイブラーヒーム（アブラハム）、ユダヤ教を広めたムーサー（モーセ）、キリスト教の始祖となったイーサー（イエス・キリスト）などが預言者となりました。このようにイスラームは、ユダヤ教やキリスト教と「同じ神に由来する」おしえであると考えられています。そして、神が人間に遣わした最後の預言者、「預言者の封印」と呼ばれているのがムハンマドという人

です。ですから、正解は③。

いろいろな預言者

イスラームの啓典『コーラン』には、25人の預言者の名前があがっていますが、アーダムからムハンマドまでのあいだに、10万人以上の預言者がいたという説もあります。預言者の中には、神からの言葉を預かるだけでなく、それを人びとに伝え、神の教えを広めるために遣わされた使徒（ラスール）と呼ばれる人びとも含まれています。ムスリムのあいだで、ムハンマドは、最後の預言者であり、同時に最後の使徒であると考えられています。

もっとくわしく　ムハンマドという名前

「ムハンマド」とはアラビア語で「称賛される者」という意味の名前です。三語根はhとmとd。この三つの前に「〜の人」という意味をつくるmが置かれます。「ムハンマド」は最後の預言者の名となったことから、現在に至るまで世界各地のムスリムのあいだでもっとも人気のある男性の名前です。ムスリムの男の子たちが集まっているところで、「ムハンマド！」と呼びかけてみると、必ず何人かが「なに？」と答えるはずです。

dammahum

預言者名（啓典での名前）	特徴・有名な逸話や出来事など
アーダム（アダム）	神が最初に創った人間
ヌーフ（ノア）➡P17	箱舟をつくって洪水を逃れた
イブラーヒーム（アブラハム）➡P17	一神教（神は唯一であると説くおしえ）を広めた
ルート（ロト）	イブラーヒームの甥、遣わされた町が神に滅ぼされた
イスマーイール（イシュマエル）	イブラーヒームの息子、アラブ民族の祖先
イスハーク（イサク）	イブラーヒームの息子、イスラエル民族の祖先
ヤアクーブ（ヤコブ）	イスハークの息子、12人の子がイスラエルの支族をつくる
ユースフ（ヨセフ）➡P17	ヤアクーブの息子、誠実さと美しさで知られる
シュアイブ	マドヤンという町の民に遣わされたアラブ人の預言者
ムーサー（モーセ）	イスラエルの民の指導者、神から「律法の書」を授かった
ハールーン（アロン）	ムーサーの兄、ムーサーの補佐役
ダーウード（ダビデ）	イスラエル王国の王、神から「詩篇」を授かった
スライマーン（ソロモン）	ダーウードの息子、鳥や動物と話す能力をもつ
ユーヌス（ヨナ）	大魚に飲み込まれた後、神に救済された
ザカリーヤー	イーサーの母マルヤム（マリヤ）の世話人
ヤフヤー（ヨハネ）	ザカリーヤーの息子、神より叡智と愛情を授けられた
イーサー（イエス・キリスト）	救世主、神から「福音書」を授かった
ムハンマド	最後の預言者、神から「コーラン」を授かった

イスラームとムハンマド

Part1 イスラームとムハンマド

ムハンマドってどんな人だったの？

ふつうの商人だった

ムハンマドは、570年ごろ、アラビア半島のメッカ（アラビア語ではマッカ）で生まれました。当時のメッカは人口が1万人程度。クライシュ族という一族が支配していました。この一族出身のムハンマドは、生まれる直前に父親を、6歳で母親を、8歳で祖父を亡くし、伯父のもとで成長しました。家柄はよいものの裕福ではなく、少年時代には牧畜の仕事を手伝い、成長すると伯父とともに商人として働きました。「誠実な人」という意味のアミーンというあだ名で知られていたと言われています。

25歳のとき、ムハンマドはハディージャと結婚しました。そのときハディージャは40歳、裕福で才覚のある商人でした。2人の夫に相次いで先立たれ、3度目の結婚相手がムハンマドだったのです。2人は子宝にも恵まれ、幸福な家庭生活を送っていたそうです。

不思議な体験

ムハンマドが預言者の自覚をもったのは、610年ごろ、40歳のときだったと言われています。神の言葉を預かるという不思議な体験をするようになったのです。はじめは戸惑いましたが、しだいに神の教えを周囲の人びとに伝えるようになりました。ムハンマドが伝える神の言葉を最初に受け入れたのは妻のハディージャでした。その後、一族や友人のあいだにも、ムスリムになる人びとが増えていきました。

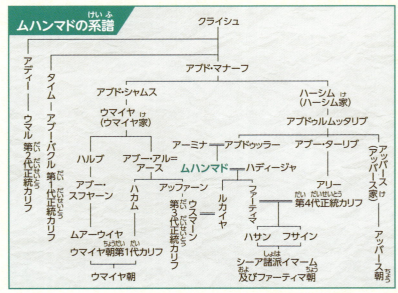

ムハンマドの系譜

6世紀のアラビア半島

ムハンマドってどんな人だったの？

ムハンマドの伝記を綴った書物はたくさんありますが、今に伝わるもっとも古いものの一つが、700年代の学者イブン・イスハークが著した『ムハンマド伝』です。その中には、ムハンマドが「一族の中で最も男らしく、性格が良く、血筋が貴く、人を護り、思慮深く、正直で、誠実で、人を汚す不品行や悪徳からは遠い、高潔で高貴」な人だったと書かれています。(注1)

現代のエジプトの女性学者アーイシャ・アブドッラハマーンが書いた『預言者の妻たち』の中には、妻ハディージャが見たムハンマドの姿が次のように描写されています。「……彼は典型的なアラブであり、肌の色は美しく、背は高すぎず低すぎず、頭は大きく額は広く、あごは長く、首は高く、胸は堂々として手足はたくましく、濃い豊かな頭髪がおおい、黒い大きな瞳が長いまつ毛の下で魅了するように輝いている。話したり笑ったりするたびに白い歯があらわれて光り……ときおり歯を出して笑いころげる。」(注2)

たくさん描かれたムハンマド

ムハンマドを描いた絵は数多く残されています。右上の絵は1400年代末のヘラート（現在のアフガニスタン西部）で文学作品の挿絵に描かれたムハンマドです。ブラークと呼ばれる動物に乗って天上を訪れ、天使たちに囲まれています。

ムスリムの中には、大切な預言者を一つのイメージに固定したくない、預言者の絵が崇拝の対象となってはならないなどと考えて、ムハンマドを完全なかたちで描くことを好まない人もいました。そこで右下の絵のように、ムハンマドの顔部分に白いヴェールが描かれることもありました。最近でも、そうした考えをもつムスリムに配慮して、預言者に関する映画やテレビ番組では、その体が光や靄で表現されたり、画面に映されなかったり、姿を描かないための工夫がこらされています。

(注1) イブン・イスハーク著、イブン・ヒシャーム編註、後藤明・医王秀行・高田康一・高野太輔訳『預言者ムハンマド伝』全4巻、岩波書店、2010-12年、第1巻、p.176)

(注2) アーイシャ・アブドッラハマーン著、徳増輝子訳『預言者の妻たち』日本サウディアラビア協会、1977年、pp. 9-10)

イスラームとムハンマド

Part2 コーランを知ろう

イスラームで重要なのが、「コーラン」。コーランはだれがつくったの？ なにが書かれているのかな？

コーランってなに？

ムハンマドが神から授かった言葉は一冊の本にまとめられました。それがコーラン（アラビア語ではクルアーン、「朗誦されるもの」という意味）です。コーランはアラビア語で記され、全部で114章からなっています。それぞれの章はさらにいくつかの節に分けられます。3節だけのごく短い章もあれば、200節以上の長い章もあります。それではコーランの成り立ちと内容について、見てみましょう。

コーランの「作者」はだれ？

①ムハンマド　②神様　③天使

答えは②

ムスリムの考え方では、コーランは、神が人間に与えた一冊の書物です。それに従えば、答えは②ということになります。

神に由来する書物を啓典と呼びます。ムスリムにとっての啓典は全部で4つあります。1つめは紀元前1200年ごろの預言者ムーサー（モーセ）が授かったとされる、「律法の書（トーラー）」、2つめは紀元前900年ごろのダーウード（ダビデ）の「詩篇」、3つめは紀元前後の預言者イーサー（イエス・キリスト）が授かった、「福音書」です。600年ごろの預言者ムハンマドを通じてもたらされた4

つめの啓典が「コーラン」です。

神のお告げを書き留めたもの

コーランははじめから今のような書物の形になっていたのではありません。もともとは、ばらばらの短い啓示（神からのお告げ）がムハンマドに伝えられたのでした。最初の啓示は、ムハンマドが40歳のころに下されたと言われています。そのときの様子を伝える、こんな逸話があります。

ある日、ムハンマドは、メッカ郊外にあるヒラー山の洞窟で瞑想にふけっていました。すると突然、何者かが目の前にあらわれて、「よめ」と言いました。ムハンマドは、文字の読み書きができなかったため、「よめません」と答えました。すると、その訪問者は、ムハンマドの首をおそろしく絞め上げました。「よめ」「よめません」「よめ！」「よめません」。そんな押し問答の末、ムハンマドは観念し、「よめ」という言葉を繰り返しました。すると、その訪問者は言いました。

「よめ、創造主であるあなたの主のお名前において。彼は人間を血の塊からおつくりになった。」

これが最初にムハンマドが受け取った神の言葉でした。そして、その訪問者は、啓示のなかだちをする天使、ジブリール（ガブリエル）だったということが後にわかりました。

以来、ムハンマドは20年以上のあいだ、ジブリールを通じて、いろいろな瞬間に啓示を受け取り、それを周囲の人びとに伝えました。人びとは、その言葉を忘れないように、木片やラクダの骨、ナツメヤシの葉などに書き留めておいたそうです。神の言葉がすべて集められ一冊の本の形になったのは、ムハンマドの死後20年を経た650年ごろだったと言われています。

コーランのなかの言葉は、神がムハンマドに伝えた順番で並んでいるわけではありません。たとえば、「よめ」に始まる、最初の啓示は、コーランの96番目の章「血の塊章」に入っています（1、2節）。言葉の順番は、神の意図の通りにムハンマドが生前に指示していたと言われています。

最初に啓示を受けたときのムハンマド。

もっとくわしく　カリフ

カリフとは、アラビア語では「ハリーファ」といい、後継者や代理人という意味です。ムハンマドの死後に、その代理人としてイスラームの信徒を束ねたのが、初代カリフのアブー・バクルでした。その後、ウマル、ウスマーン、アリーが続きました。この4人のことは「正統カリフ」と呼ばれることがあります。彼らの時代（632-661年）はイスラームの歴史の中で、ムハンマドの時代に次いでよい時期だったと言われています。

ムハンマドと4人の正統カリフたち。上の人物がムハンマド、▶
左からアブー・バクル、ウマル、アリー、ウスマーン。

コーランを知ろう

Part2 コーランを知ろう

コーランの4つの主題：1つめ
神のこと

啓典に書かれた4つのこと

　ムスリムの人びとにとって、コーランの中にある言葉は、すべて神に由来するもので、どれも大切なものです。その中にはいったい何が書かれているのでしょうか。

　コーランの主題は大きく分けて4つあります。1つめは「神のこと」。神とはどのような存在なのかが、コーランのさまざまな箇所で語られます。2つめは「現世のできごと」。この世界がどのように生まれたのか、天地創造や人間の誕生、それから神の預言者たちや使徒たちにまつわるできごとについてです。3つめは「来世のできごと」。ここでは、現世には終わりの瞬間があり、その後来世が始まることが示されます。最後は、「人間に対する神の命令」です。その中には、礼拝や断食など宗教儀礼にかかわる命令と、食事や装い、家族や社会のあり方など生活にかかわる命令があります。

14

コーランの中でも、多くの人びとにとって、もっともなじみ深いのが、「開始の章」と名づけられた第1章です。7節からなるこの章は、ムスリムが毎日の礼拝で必ず唱えるものです。礼拝を覚えたばかりの子どもたちでも、みんな知っている部分です。

開始の章（第1章）

1. 慈しみ広く、情け深いアッラーのお名前において
   ▶ビスミッラーヒッ　ラフマーニッ　ラヒーム

2. アッラーよ、あなたを称賛します、諸世界の主よ
   ▶アルハムドリッラーヒ　ラッビル　アーラミーン

3. 慈しみ広く、情け深いお方
   ▶アッラハマーニッ　ラヒーム

4. 審きの日をとり仕切るお方
   ▶マーリキ　ヤウミッディーン

5. わたしたちはあなたを崇め、あなたにこそ救いを求めます
   ▶イイヤーカ　ナアブドゥワ　イイヤーカ　ナスタイーン

6. わたしたちを正しい道へとお導きください
   ▶イフディナッ　スィラータル　ムスタキーム

7. あなたの怒りをこうむる人びとや、道を踏み外す人びとではなく、あなたが恩寵をさずける人びとの道へと
   ▶スィラータッ　ラズィーナ　アンアムタ　アライヒム　ガイリル　マグドゥービ　アライヒム　ワラッ　ダーリーン

世界のすべてを創り出したのは、この唯一神である。天地を創ったのも、人間を創ったのもそう。そして神は、この世のすべてのものに対して優しく、良い行いには良い事柄で報いてくださる。ムスリムのあいだではそのように信じられています。

一方、神は厳しい顔も持っています。この世が終わるとき、神はすべての人の一生の行いを確かめ、一人ひとりが来世をどこで過ごすべきかを判断します。善行を多くした人は楽園のある天国へ、悪行のほうが多かった人は灼熱の地獄へと送られます。

全能で、優しく、厳しい神。そんな神をあがめ、そんな神に救いを求めてムスリムは生きていく。この開始の章のメッセージは、コーランの中でその後も繰り返されています。

コーランを知ろう　15

Part2 コーランを知ろう

コーランの4つの主題：2つめ
現世のできごと

世界のはじまりと預言者の物語

　天地や人類は、いつから、どうやって存在しているのでしょうか。コーランには、神による天地創造に関する表現がたびたび出てきます。たとえば、神が「あれ」と言っただけですべてのものがあらわれたという表現（2章117節）や《目に見える柱もなしに天を創り、地上にがっしりとした山を据えつけてあなたたちの足元がぐらつかないようにし、そこにありとあらゆる動物を散らばせた》という言葉（31章10節）などがあります。

　コーランには、神が最初の人間であるアーダムとその妻を泥土からつくったとあります。神は2人にこう言いました。《アーダムよ、あなたとあなたの妻は楽園に住みなさい。そして、どこでも望むところで食べるがいい》。そのとき、一本の木についてだけ、こうつけ加えました。《ただ、この木に近づいてはならない》（7章19節）。

地上に降り立ったアーダム

　コーランによると、神は人間を創造する前に、光から天使を、火から悪魔を創りました。悪魔は人間が自分よりも神から大切にされていることに不満を抱き、アーダムとその妻にこうささやきました。《おまえたちがこの木に近づくことを主が禁じたのは他でもない、おまえたちが天使となるか、永遠に生きる者となるからだ》。2人は悪魔に欺かれ、神に禁じられた木の実を食べてしまいました。すると突然、自分たちが裸でいることを恥じるようになりました。楽園の葉で体を覆い始めた2人を見て神は言いました。《私はあなたたちにその木を禁じ、悪魔はあなたたちの明白な敵だと言わなかったか》。2人は楽園を追放され、地上に住むようになりました（7章20〜25節）。

　神の言葉を預かり、地上に降り立ったアーダムは、最初の預言者となりました。その後、数多くの預言者があらわれました。コーランにはそれぞれの人物に関する物語が記されています。

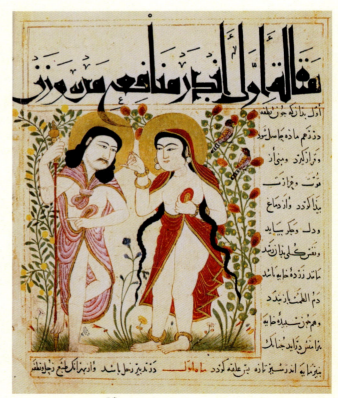

アーダムとその妻ハウワー

コーランに登場する主要な預言者

ヌーフ

旧約聖書のノア。神を信じない人びとに最後の警告を伝えるために遣わされた預言者・使徒。彼の言葉を聞きいれなかった人びとを滅ぼすために、神は大洪水を起こしました。ヌーフは神の命令によって、箱舟をつくり、自分の家族とすべての動物の雄と雌を連れて船に乗り込み、難を逃れました（23章23～30節）。

イブラーヒーム

旧約聖書のアブラハム。イスラームでは一神教の礎をきずいた、重要な預言者・使徒の一人として知られています。神からの試練として息子イスマーイールを犠牲として捧げようとし、その信仰心の篤さを神に認められ、祝福されます。右の絵は天使が息子の代わりに犠牲となる動物をもって降りてきたところ（37章83～113節）。イブラーヒームは後にイスマーイールとともにアラビア半島のメッカにカアバ神殿を建設しました（2章125～127節）。

ユースフ

旧約聖書のヨセフ。コーランの中で、ユースフの物語は「もっとも美しい物語」と呼ばれています。兄弟に妬まれ、幼いころに井戸に捨てられたユースフは、商人にひろわれ、エジプトの大臣に売られます。大臣の家で美しく、知識の豊富な若者に成長したユースフに、大臣の妻が思いを寄せます。左の絵はこの物語を土台にして、1540年ごろのイランで描かれたもの。ユースフのあまりの美しさに大臣の妻の友人たちが驚いているところです（12章）。

Part2 コーランを知ろう
コーランの4つの主題：3つめ
来世のできごと

現世のおわりと来世

　コーランの中でたびたび言われているのが、現世（この世）にはやがて最後の日がやってくるということです。その日は「終末のとき」と呼ばれます。それがいつなのかは明らかにはされていませんが、コーランには、その日、あらゆる天変地異が起こると書かれています。《そのとき、大地はぐらぐらと揺れ、山々は粉々にくずれ、ちりとなって吹き散らされる》(56章4～6節)。さらに、太陽の光は失われ、星々は流れ落ち、海はふつふつと煮えたぎり(81章1～6節)、人は皆、死に絶える(50章19節)とあります。

　突然、ラッパの音が鳴り響きます。それを合図に、すべての死者が墓場や死に場所から甦り、ぞろぞろと列をつくって、神の御前へと向かっていきます(50章44節)。これが「復活」と呼ばれるできごとです。神の前で人びとは生前におこなったことを記録した帳簿を手渡されます。コーランによると、帳簿を右手に渡された人は喜びいさんで天国へ行き、左手に渡された人はいやいやながらも地獄に送られることになります。

69章（真実の日章）19～32節

　自分の帳簿を右手に渡された者は言うだろう、「みなさん、私の帳簿を読んでみてください。私のしてきた善行が報われる日が来ると思っていた」。そして良い暮らしを送るのだ。天の楽園の中で。……だが、帳簿を左手に渡された者は言うだろう。「こんな帳簿はもらわなければよかった。自分の行いの報いなど知らないほうがよかった。（現世の死で）すべてがおわればよかったのに。財産も役に立たなかった。権威も消え失せた」。（地獄の番人に対して）おまえたち、彼を捕まえて縛れ。そして、灼熱の地獄にくべるのだ。

天国と地獄

　天国は「楽園」と呼ばれます。コーランによると、そこには「水」、「乳」、「酒」、「蜜」が流れる清らかな4つの川があり、豊かな木々にはあらゆる果実が実っています（47章15節）。楽園の住人は金の腕輪で身を飾り、上質の緑色の衣服を着て、毎日寝椅子に寄りかかり、ゆったりと過ごしています（18章31節）。おなかが空くこともありません。黄金の大皿や杯が回ってきて、そこから好きなものを飲み食いすることができるのです（43章71節）。一方、地獄は「火獄」と呼ばれます。コーランには、地獄の住人が、首に枷や鎖をかけられ、熱湯や炎の中を引きずり回される姿が描き出されています。

▲天国を訪れたムハンマド

▲ラッパをふく大天使ジブリール（ガブリエル）

▲地獄を訪れたムハンマド

コーランを知ろう

Part3 イスラームの決まり

コーランには生活にかかわるさまざまな決まり事が書かれているよ。どんな決まりがあるのかな？

コーランの4つの主題：4つめ
人間に対する命令1～礼拝

だれが天国に行き、だれが地獄に行くのでしょうか。ムスリムの考え方では、現世にいるあいだに神を信仰し、神の命令に従って人生を送った人が天国に行き、不信仰者や罪を犯した者が地獄に行くとされています。

人間に対する神の命令はコーランに示されています。中でも重要な事柄の一つが「礼拝をおこなうこと」です。たとえば、こんな言葉があります。《礼拝をしなさい。信仰者にとって礼拝は定時のものである。》（4章103節）。礼拝は通常、日に5回、決まった時間におこないます。

礼拝の意味

礼拝とは、信仰者が偉大な神の前に身をおく大切な時間だと言われます。《啓典であなたに啓示されたものをよみ、礼拝をおこないなさい。本当に礼拝は醜い行いや悪い行いから人を遠ざける》（29章45節）というコーランの言葉がありますが、ムスリムの多くは、礼拝を通して日々、神のことや来世のことを思い出します。礼拝で心をこめて神に話しかけたり、神の力にすがったりすると、応えてくれるという人もいます。

1日5回の礼拝

1. **夜明けの礼拝**…夜が白み始めてから日の出前までにおこなう。
2. **正午の礼拝**…日が南中（もっとも高い位置）になってから午後の礼拝までにおこなう。
3. **午後の礼拝**…物の影が本体と同じ長さになってから日没の礼拝までにおこなう。
4. **日没の礼拝**…日の入り直後から夜の礼拝までにおこなう。
5. **夜の礼拝**…日没後の残照が消えてからおこなう。

もっとくわしく モスク

礼拝は家や学校、職場などの日常生活の場でおこなうこともあれば、モスクでおこなうこともあります。モスクはアラビア語の「マスジド」に由来する言葉で「ひざまずく場所」「平伏する場所」という意味です。モスクは唯一なる神に対して礼拝をする場所であり、そこには（寺院や教会のように）神像や聖画など、崇拝の対象になるものはありません。礼拝は世界中のどこにいても、メッカの方角を向いておこなうことになっているので、モスクには「ミフラーブ」と呼ばれるメッカの方向を示す壁のくぼみがあります。礼拝時間になると、モスクの塔から「アザーン」と呼ばれる礼拝の呼びかけの声が聞こえてきます。

礼拝のやり方

ここでは一般的な礼拝のやり方を紹介します。

礼拝前には「ウドゥー」と呼ばれる浄めをおこないます。ウドゥーでは、神の名を唱えて、両腕や両足、顔、耳、口などを一定の順序とやり方で洗います。

それからメッカの方角を向いて立ち、「今から礼拝をします」と神に向かって意思表明をします。次に、タクビールと呼ばれる動き（両手を耳の高さに上げて「アッラーは偉大なり」と言う）や、直立礼、屈折礼、平伏礼、座礼などを決まった順序でおこないます。最後に、「私はアッラー以外に神はないことを証言します。私はムハンマドが彼のしもべであり使徒であることを証言します」「あなた方の上に平安とアッラーの慈悲がありますように」と言って礼拝を終えます。

礼拝の手順

①意思表明
メッカの方角を向いて立ち礼拝の意思表明をする

⑤直立礼
「アッラーは彼を称賛する者の声を聞き給う」などと唱える

②タクビール
両手を耳の高さに上げて「アッラーフ・アクバル（アッラーは偉大なり）」と唱える

⑥平伏礼
タクビールをおこなった後、頭を床につけて平伏し、「至高なるわが主に栄光あれ」と3回唱える

③直立礼
両手を身体の前で組みコーランの開始の章と好きな3節以上の節を唱える

⑦座礼
タクビールをおこなった後、正座をして「主よ、私をお許しください」などと唱える

④屈折礼
タクビールをおこなった後、両手を膝頭につけて腰を曲げ「偉大なるわが主に栄光あれ」と3回唱える

⑧平伏礼
タクビールをおこなった後、頭を床につけて平伏し、「至高なるわが主に栄光あれ」と3回唱える

イスラームの決まり

Part3　イスラームの決まり

人間に対する命令2～断食

イスラームの暦

　イスラームには「ヒジュラ暦」と呼ばれる独特の暦があります。これは月の満ち欠けを基準にする太陰暦で、ムハンマドがメッカからメディナに移住した622年を元年とします（ヒジュラとはアラビア語で「移住」を意味します）。ヒジュラ暦の1日は日没から始まり、1年は12カ月、新月になれば新しい月の始まりです。そのため、観測する国や地域の気象状況によって、日付が異なってくることもあります。1年は354日（または355日）と、太陽暦よりも10日から12日短いため、季節と暦が一致せず、全体に少しずつずれていきます。たとえば、ヒジュラ暦1439年元日（1月1日）は、西暦2017年9月22日にあたりますが、翌1440年の元日は、西暦2018年9月12日になります。

ヒジュラ暦の月

1月 ムハッラム
2月 サファル
3月 ラビーウ・アウウル（12日が預言者生誕祭）
4月 ラビーウ・サーニー
5月 ジュマーダー・ウーラー
6月 ジュマーダー・アーヒラ
7月 ラジャブ
8月 シャアバーン
9月 ラマダーン（1カ月間断食をおこなう）
10月 シャウワール（1日が断食明けの祭）
11月 ズー・アル＝カアダ
12月 ズー・アル＝ヒッジャ
　　　（8～12日に巡礼をおこなう。10日は犠牲祭）

飲食を禁じた月

　ヒジュラ暦9月のラマダーン月について、コーランには次のような言葉があります。

2章（雌牛章）185節

　ラマダーンの月は、人びとを導くものとして、また導きと明証のしるしとして、コーランが下された月である。それであなたたちのうち、家にいる者は、この月のあいだ断食（サウム）をしなければならない。病気か旅の途中にある者は別の日にその日数を。アッラーはあなたたちが安易にあることを望み、困難な状況は望まない。あなたたちは日数をまっとうし、あなたたちをお導きになることに対して神の偉大さを称えればよい。あなたたちはきっと感謝するだろう。

　ラマダーン月はムハンマドに最初の啓示が下された月として、ムスリムにとってとくに神聖な期間だと考えられています。

　この一カ月のあいだ、人びとは夜が白み始めて「夜明けの礼拝」のアザーン（呼びかけの声）が聞こえてから「日没の礼拝」のアザーンが聞こえるまで断食（飲

食を断つこと）をします。ただし、病気だったり、旅行中の人は、この期間でなくとも、病気が治ったり、旅行からもどったりしてから翌年のラマダーンまでに同じ日数分の断食をおこなえばよいとされています。老齢や不治の病、妊娠や授乳によって断食が困難な場合には、代償として貧しい人への施しをおこなうようにという啓示もあります（2章184節）。

ムスリムの人びとは、空腹や喉の渇きを体験することで、食べ物のありがたみを実感し、神の偉大さや神への感謝の気持ちを新たにします。また、貧しい人びとが抱える困難を理解したり、みなで苦難をともにし、断食明けの食事を楽しくとることで、ムスリムとしての一体感をもつこともラマダーンの重要な役割だと言われています。

イスラームと食生活

コーランには、断食以外にも食生活にまつわる命令がいくつかあります。コーランで食べることが禁じられているのは、《死肉、血、豚肉、そしてアッラー以外の名を唱えられ（て殺され）たもの》（2章144節ほか）です。また、お酒を飲むことも《人びとの間に敵意と憎しみを引き起こし、神の唱念と礼拝から人びとの心をそらす》として、戒められています（5章90、91節）。

もっとくわしく　移住（ヒジュラ）

メッカで神からの啓示を受けたムハンマドは、神の教えを周囲に伝えようとしました。当初メッカの人びとの多くは、イスラームの考え方を受け入れず、ムハンマドや新たに信仰者となった人びとを迫害（圧迫し、苦しめること）しました。そこでムハンマドたちはメディナの町に移住することを決意しました。新しい土地に移った後、イスラームは少しずつ人びとに受け入れられ、やがてメッカを含む、多くの地域にイスラームの考え方が広まっていきました。

メディナの「預言者のモスク」。
ムハンマドの移住後、最初に建てられました。

Part3 イスラームの決まり
人間に対する命令3 〜 装い

イスラームと衣服

コーランには衣服に関する言葉がいくつかあります。たとえば、第7章には、最初の人間であるアーダムとその妻が、禁じられた木の実を食べて自分たちが裸でいることを恥じるようになったという物語がありました。そのすぐ後には次のような言葉があります。《アーダムの子孫よ、わたしはあなたたちが恥ずかしいところを覆い、また身体を飾るために衣装を授けた》（7章26節）。《アーダムの子孫よ、どこのモスクでも飾り（きちんとした衣服）を身につけなさい》（7章31節）。衣服は隠すべき体の部分を覆うためのものであり、また身を飾るためのものであるというのです。

ただし、身を飾り過ぎてはならない、とくに女性は美しい部分を人に見せないように、という表現もあります。《男の信仰者に言え、慎み深く視線を下げて隠すべき部分を大切に守るように。……女の信仰者にも言え、慎み深く視線を下げて隠すべき部分を大切に守るように。表に出ている部分はしかたないが、そのほかの美しい部分は人に見せぬように。胸には覆いをかぶせて》（24章30、31節）。

どう解釈するかはさまざま

ただし、どこが「美しい部分」なのか、女性の「表に出ている部分」とはなんなのかについて、ムスリムのあいだでも意見が分かれています。「美しい部分」とは胸や太ももなど「男性とは異なる部分」だと考え

る人もいれば、女性の顔や指先も「美しい部分」に含まれるので、全身をヴェールで覆い隠さなければならないと主張する人もいます。コーランの言葉や、ムハンマドに関する伝承（ハディース）などをもとに、ムスリム女性の装いがどうあるべきかはさまざまに議論されてきました。各時代、各地域の女性たちは、その社会でよいとされる装いや、それぞれがよいと考える服装で身を包んできたのでした。

男性の装いについて、コーランには具体的な言葉がありませんでしたが、ムスリム男性の中には、ムハンマドやイスラームの初期時代の人びとの装いやひげの生やし方を真似ることがよいと考えて実践する人もいました。

もっとくわしく ハディースについて

ムスリムにとってムハンマドは、預言者であるとともに、神の教えを人びとに伝えるために遣わされた使徒でもありました。そこでムハンマドの言葉や行いは、ほかの信仰者が見習うべきものと考えられてきました。ムハンマドの言葉や行いのことを「スンナ」（アラビア語で「慣行」という意味）と呼びます。スンナは信仰者にとって神の教えを知る手がかりとなる重要な情報源と考えられてきました。そこで、スンナは大切に語り継がれてきたのです。

時代をこえて受け継がれてきたスンナに関する伝承を「ハディース」（アラビア語で「語り」や「言葉」という意味）と呼びます。ハディースは800年代から書物として編纂されるようになりました。ハディースをコーランにつぐ聖典として重要視し、それにすべて従おうとする人もいれば、必ずしもそうしない人もいます。ムスリムにとってコーランは神の言葉そのものですが、ハディースはムハンマドの言葉や行いを人間が伝えてきたものです。どのハディースに信ぴょう性（確からしさ）があるか、ハディースにどのような意味を見出すかは、ムスリムの考え方によって異なるのです。

▲ブハーリーのハディース集（注釈つき）

一般にとくに信ぴょう性が高く重要なハディース集として知られているのが、ブハーリー（810〜870年）とムスリム（817ごろ〜875年）という2人の9世紀の学者がそれぞれ収集して編纂したものです。

Part3 イスラームの決まり

人間に対する命令4〜男女に関して

女性について、どう書かれている？

コーランでは「装い」について、男女に異なる命令が示されていました。では、その他の事柄はどうでしょうか。

女性にかかわる啓示が多いことから「女性章」と呼ばれる第4章を見てみましょう。そこには、戦争などで父親を失った者（孤児）の扱いについて、《孤児に公正にできないことを恐れるのなら、女性であなたたちに良い者を2人、3人、4人娶れ》と、一定の条件のもとならば、男性が複数の妻をもつことが許されるという意味の言葉があります（3節）。また、財産の相続について、《息子には娘2人分に相当するもの》があ

ると、男性の相続分を女性の2倍と規定する言葉があります（11節）。さらに、第34節には、次のような表現があります。《男性は女性の保護者である。それはアッラーが一方に対し他方よりも多く（の権利）を与えたからであり、男性が生活費として財産を費やすからである》。

こうした啓示の言葉から、「イスラームでは女性が男性よりも価値の低い存在とみなされている」と言われたり、「ムスリム女性はムスリム男性よりも不利な立場にある」と批判されることがあります。

ちがう読み方もある

一方で、そうした見方は「コーランの読みまちがいからきたものだ」という声も聞こえてきます。たとえば、複数の妻をもつことについては、4章3節が戦争で孤児が急増した時期に下された啓示であり、《孤児に公正にできないことを恐れるのなら》という条件がついていること、続く部分に、複数の妻を公平に扱えないのであれば一人にしておけという言葉（3節）や、《公平に扱うことなどあなたたちには不可能だ》（129節）という言葉があることから、実際には神は一夫多妻を推奨していないと主張する人もいます。また、相続の配分が男女で異なることや男性が女性の「保護者」であるというのは、男性が生活費を払うという前提の上での話であり、それ以外の場合にはあてはまらない、と理解する人もいます。

女性であっても、男性であっても、人間はみな、神の前で同等であり、敬虔さによってのみ、差がつくのだと主張するために、次の節を引用する人もいます。

49章（部屋章）13節

人びとよ、わたしはあなたたちを男性と女性から創り、種族や部族となした。あなたたちが互いに知り合うためである。ほんとうにアッラーの御許でもっとも高貴な者はもっとも敬虔な者である。

コーランとともに生きるムスリム

ムスリムにとって、コーランは、神から与えられた一冊の書物です。その中には、すべての真理（決して変わらない、永遠に正しい事柄）が示されていると信じられています。ただし、それを正確に読み取ることは簡単ではないようです。ムスリムの多くは、日々コーランを耳にしたり、その一部を朗誦したり、そこに出てくる言葉や表現について考えたりしながら、神の存在を感じつつ暮らしているのです。

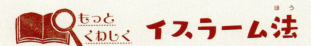

もっとくわしく　イスラーム法

コーランとハディース、そしてそれぞれの解釈をもとに、各時代の学者たちは神が人間にどのような教えを与え、なにを命じてきたのかを考え、議論してきました。そうして導き出されてきたものを「イスラーム法」と呼びます。イスラーム法の理解は、地域や社会、そしてそれぞれの人によってもさまざまです。

イスラームの決まり

おわりに

いろいろなイスラームのとらえ方がある

　この本ではイスラームの基本的な事柄を見てきました。神の存在や、預言者・使徒の存在、コーランが神に由来すること、天地や人間の創造のこと、最後の審判のこと、天国のこと、地獄のこと、礼拝や断食が義務であることなど。世界には16億人ともいわれるムスリム（イスラーム教徒）がいますが、その多くは、こうした事柄を信じ、大切に思っています。

　一方で、コーランの言葉の意味や、啓示の中で神が意図するところ、ハディース（ムハンマドの言葉や行いの記録）の扱いかたなど、人によって理解や方法がことなる場合もあります。そのために、ムスリムとしてどのような服装がよいとされているのか、男性は二人以上の妻をもつことができるのかなど、同じコーランの言葉を出発点として、さまざまなことが言われてきました。

　コーランやハディースの理解や読み方のちがいのほかにも、日々の生活環境や伝統的な考え方のちがいもあります。ムスリムの中には、エジプトのカイロに暮らす人もいれば、インドネシアのジャカルタや、アメリカのニューヨーク、日本の東京に暮らす人もいます。おとなもいれば、子どももいる。女の人もいれば、男の人もいる。裕福な人もいれば、貧しい人もいる。大都会で忙しく働く人もいれば、砂漠のオアシスで遊牧生活をする人もいる。いろいろなかたちの暮らしを営むムスリムにとって、「神に身をゆだねること」（イスラーム）とは、具体的にどういうことなのでしょうか。

　第2巻では、実際の人びとの暮らしをのぞいてみることにしましょう。

著者　後藤絵美

参考文献

・井筒俊彦訳『コーラン』全3巻　岩波文庫 1964年

・井筒俊彦『『コーラン』を読む』岩波現代文庫 2013年（新装版）

・大塚和夫・小杉泰・小松久男・東長靖・羽田正・山内昌之編『岩波イスラーム辞典』岩波書店 2002年

・菊地達也監修『イスラムがわかる！』成美堂出版 2013年

・小杉泰『イスラームとは何か──その宗教・社会・文化』講談社現代新書 1994年

・中田考監修、中田香織・下村佳州紀・松山洋平訳著

　『日亜対訳クルアーン［付］訳解と正統十読誦注解』作品社 2014年

・中村廣治郎『イスラム教入門』岩波新書 1998年

・中村廣治郎『イスラム──思想と歴史』東京大学出版会 2012年（新装版）

・日本ムスリム協会『日亜対訳・注解 聖クルアーン』改訂版 1982年

・伴康哉・池田修訳『コーラン』藤本勝次編 世界の名著17 中央公論社 1979年

・牧野信也『イスラームの原点──〈コーラン〉と〈ハディース〉』中央公論社 1996年

・牧野信也訳『ハディース──イスラーム伝承集成』（全6巻）中公文庫 2001年（新装版）

・牧野信也『イスラームの根源をさぐる』中央公論新社 2005年

・桝屋友子『イスラームの写本絵画』名古屋大学出版会 2014年

図版

P11（上）『ニザーミーの五部作』（15世紀）の挿絵　大英図書館所蔵

P11（下）『予言の書』（16世紀）の挿絵　ザクセン州立図書館所蔵

P13（上）『集史』（14世紀）の挿絵　エジンバラ大学図書館所蔵

P13（下）『便りの数珠』（17世紀）の挿絵　オーストリア国立図書館所蔵

P16　　　　『動物の効用』（13世紀）の挿絵　モルガン図書館所蔵

P17（上）『全史』（15世紀）の挿絵　デビッドコレクション所蔵

P17（中）『預言者伝』（16世紀）フランス国立図書館所蔵

P17（下）『七つの玉座』（16世紀）の挿絵　フリーア美術館所蔵

P19（左下）『被造物の奇事と存在物の珍事』（14-15世紀）の挿絵　大英図書館所蔵

P19（上・右下）『昇天の書』（15世紀）の挿絵　フランス国立図書館所蔵

さくいん

あ

アーダム（アダム）	8、16
アッラー	7
アブー・バクル	13
アラビア語	5
アラビア半島	5、10
アリー	13
イーサー（イエス・キリスト）	8、12
イスハーク（イサク）	9
イスマーイール（イシュマエル）	9、17
イスラーム法	27
イブラーヒーム（アブラハム）	8、17
ウスマーン	13
ウドゥー	21
ウマル	13

か

カアバ神殿	17
開始の章	15
カリフ	13

義務行為	6
クライシュ族	10
啓示	4、13
啓典	12
コーラン（クルアーン）	12、13

さ

ザカリーヤー	9
使徒（ラスール）	9
ジブリエール（ガブリエル）	13
詩篇	12
シュアイブ	9
信仰告白	6
スライマーン（ソロモン）	9
スンナ	25
正統カリフ	13

た

ダーウード（ダビデ）	9、12
タクビール	21

断食（だんじき） …………………………… 22
天地創造（てんちそうぞう） ………………… 16

な

ヌーフ（ノア） ………………………… 8、17

は

ハーディス …………………………………… 25
ハールーン（アロン） ………………………… 9
ハディージャ ………………………………… 10
ヒジュラ ……………………………………… 23
ヒジュラ暦（れき） ………………………… 22
福音書（ふくいんしょ） ……………………… 12

ま

ムーサー（モーセ） …………………… 8、12
ムスリム ……………………………………… 5
ムスリム人口（じんこう） …………………… 6、7
ムハンマド …………………… 4、9、10、11
メッカ（マッカ） …………………………… 10

メディナ ……………………………………… 23
モスク ………………………………………… 20

や

ヤアクーブ（ヤコブ） ………………………… 9
ヤフヤー（ヨハネ） …………………………… 9
ユースフ（ヨセフ） …………………… 9、17
ユーヌス（ヨナ） ……………………………… 9
預言者（よげんしゃ）（ナビー） ……………… 8
預言者の封印（よげんしゃのふういん） ……… 8

ら

ラマダーン …………………………………… 22
律法の書（りっぽうのしょ）（トーラー） …… 12
ルート（ロト） ………………………………… 9
礼拝（れいはい） …………………………… 20

■監修者プロフィール

長沢栄治（ながさわ　えいじ）

東京大学東洋文化研究所教授。東京大学経済学部卒業、アジア経済研究所を経て現職。専門は、中東地域研究・近代エジプト社会経済史。主な著書『エジプトの自画像　ナイルの思想と地域研究』（平凡社、2013年）、『現代中東を読み解く　アラブ革命後の政治秩序とイスラーム』（共編：明石書店、2016年）。

■著者プロフィール

後藤絵美（ごとう　えみ）

東京大学日本・アジアに関する教育研究ネットワーク特任准教授。東洋文化研究所准教授（兼務）。イラン・テヘラン（1997-98年）とエジプト・カイロ（2003-05年）に留学したことをきっかけに、現代のイスラームに関心をもつ。主著『神のためにまとうヴェール―現代エジプトの女性とイスラーム』（中央公論新社、2014年）。

■イラスト　岡部哲郎

■本文・装丁デザイン　佐藤　匠（クリエイツかもがわ）

イスラームってなに？
シリーズ1 イスラームのおしえ

2017年9月1日　第1版第1刷発行

NDC167

監修者　　長沢　栄治

著　者　　後藤　絵美

発行者　　竹村　正治

発行所　　株式会社 かもがわ出版
　　　　　〒602-8119　京都市上京区出水通堀川西入
　　　　　営業部：TEL 075-432-2868　　FAX 075-432-2869
　　　　　編集部：TEL 075-432-2934　　FAX 075-417-2114
　　　　　振替 01010-5-12436
　　　　　http://www.kamogawa.co.jp

印刷所　　株式会社 光陽メディア

ⒸKamogawa Syuppan 2017
Printed in Japan

32p 26cm
ISBN978-4-7803-0860-0
C8322